Inhalt

Auslandsbau - Stütze für deutsche Baukonjunktur

Kernthesen

Beitrag

Fallbeispiele

Zahlen und Fakten

Weiterführende Literatur

Impressum

Auslandsbau - Stütze für deutsche Baukonjunktur

Autor GENIOS BranchenWissen: M.Reich

Kernthesen

- In 2004 wird das Auftragsvolumen im Auslandsbau auf EUR 20 Milliarden geschätzt.
- Die Top Bauunternehmen erwirtschaften mehr als 70 Prozent ihrer Bauleistung im Ausland.
- Wachstumspotenzial und Chancen für Mittelständler gibt es besonders in Osteuropa.

Beitrag

Die deutsche Bauindustrie profitiert von der Globalisierung der Märkte. Gegen die traditionell starken schwedischen und französischen Bauunternehmen haben sich die Deutschen gut behauptet: das Auftragsvolumen hat sich in den letzten 10 Jahren mehr als verdreifacht.

Krise in Deutschland, daher Expansion im Ausland

Die strukturelle Baukrise in Deutschland hat die Expansionsmöglichkeiten der Unternehmen auf dem Heimatmarkt stark eingeschränkt. Kurzfristig ist nicht mit einer Belebung des inländischen Baumarktes zu rechnen. Vor allem die größeren Unternehmen der Branche haben deshalb nach einem strategischen Ausweg gesucht - und gefunden. Parallel zum Beginn des Nachfragerückgangs in Deutschland seit Mitte der neunziger Jahre wird die Bautätigkeit im wachstumsstarken Ausland forciert.

Nicht nur für die grossen Baukonzerne, auch für große Mittelständler hat sich der Auslandsbau inzwischen zu einer wichtigen Geschäftssäule entwickelt. So registriert der Hauptverband der Deutschen Bauindustrie seit Jahren einen Aufwärtstrend bei den Auslandsaufträgen - von EUR 6 Milliarden im Jahr 1993 auf EUR 17,5 Milliarden im

Jahr 2003, wobei der Grossteil der Aufträge durch Tochter- und Beteiligungsgesellschaften im Ausland eingeht. [Abb.1]
2004 hat das Volumen noch einmal zugelegt, und wird auf rund EUR 20 Milliarden geschätzt. Verglichen mit dem Auftragseingang am Baumarkt von rund EUR 75 Milliarden erreicht der Auslandsbau damit immerhin einen Anteil von nahezu 25 %. Vor zehn Jahren betrug das Auslandsbauvolumen noch nicht einmal 10 % des gesamten Bauvolumens.

Weltweit liegen die deutschen Auslandsbauer damit in 2003 auf Platz drei hinter Schweden und den führenden USA. Für das laufende Jahr erwartet die Bauindustrie ähnliche gute Auftragseingänge aus dem Ausland, trotz der zunehmend aggressiver auf den Weltmärkten auftretenden chinesischen und koreanischen Unternehmen.

Baukonjunktur im Ausland mit positiven Prognosen

Auch in den nächsten Jahren werden die Wachstumschancen im Ausland günstiger eingeschätzt als im Inland. Das globale Bauvolumen wird auf USD 4 Billionen geschätzt, wovon etwa ein Viertel auf die USA entfällt. Das europäische

Bauvolumen ist mit EUR 1,13 Billionen noch etwas höher als das US-amerikanische. (1)

Für die europäische Bauwirtschaft war 2004 ein Jahr der Erholung, wenn auch mit regional und nach Baubereichen stark unterschiedlichen Ausprägungen. In Frankreich, Spanien und Italien belebte sich der Wohnungsneubau und auch Großbritannien verzeichnete eine gute Entwicklung in allen Bausparten. Spitzenreiter im allgemein aufstrebenden Osteuropa waren Tschechien und die Slowakei mit starkem Wachstum bei den Baugenehmigungen. In Ungarn und Polen kommen starke Impulse aus dem Wohnungsneubau und der Renovierung.

Generell war in Osteuropa über die letzten Jahre zu beobachten, dass die Bedeutung des Wohnungsneubaus stetig steigt. Potenzial ist ausreichend vorhanden, nachdem die Baugenehmigungen in allen Ländern Osteuropas im Vergleich zur Einwohnerzahl immer noch deutlich unter dem westeuropäischen Niveau liegen. (2)

Angesichts von Märkten wie Nordamerika oder Asien fallen die neuen EU-Mitgliedsländer mit einem Anteil von 3,6 % am gesamten europäischen Bauvolumen in der Statistik zwar weit weniger ins Gewicht. Doch gelten diese Länder als wichtige potenzielle Märkte für die deutsche Bauindustrie - sowohl durch ihre regionale Nähe als auch die allgemeine Erwartung, dass sie relativ stärker wachsen werden als die bisherigen EU-Mitgliedsstaaten. Darüberhinaus werden sie von europäischen Strukturfondsmitteln für Investitionen im Infrastruktur- und Entsorgungsbereich profitieren. Nach Angaben von European International Contractors meldeten deutsche Bauunternehmen bereits in 2002 an Aufträgen aus Polen, Tschechien und Ungarn zusammen EUR 561 Millionen. Damit ist diese Ländergruppe für den deutschen Auslandsbau in der Summe zwar nur von begrenzter Bedeutung, birgt aber Wachstumspotenzial insbesondere für die mittelständischen Bauunternehmen.

Auch für die kommenden Jahre gehen die Prognosen von einem realen Wachstum des europäischen Bauvolumens um etwa 2 Prozent jährlich aus. Für die Periode 2005 bis 2009 werden Zuwächse sogar um insgesamt real 5 Prozent prognostiziert. Vor allem die Bauaktivitäten in Polen dürften in diesem und im nächsten Jahr mit 10 bzw. rund 12 % deutlich expandieren. Gestützt werden die positiven Erwartungen von den relativ guten Aussichten im Hochbau. Insbesondere die Investitionen im Wohnungsbau sollen nach realen Rückgängen in den letzten Jahren ab 2005 wieder steigen.

Domäne der Grossen, aber die Mittelständler nutzen ihre Chance

Der lukrative Auslandsbau ist nach wie vor eine Domäne der Großen der Branche. Hochtief und Bilfinger Berger bearbeiteten 70 % aller Auslandsaufträge, die an deutsche Unternehmen vergeben werden. Der Schwerpunkt liegt in Osteuropa und auf den dynamischen Märkten USA und Austalien. [Abb.2] Immer weniger wird das traditionelle Auslandsgeschäft von Deutschland aus betrieben. So werden fast alle Aufträge über Tochter- und Beteiligungsgesellschaften abgewickelt.

Aber auch für die vielen kleinen Firmen, die die Mehrheit der deutschen Baubranche stellen, bleibt nicht nur der wenig lukrative Heimatmarkt. Der Auslandsbau wid in den nächsten Jahren auch für die mittelständischen Bauunternehmen weiter an Bedeutung gewinnen, wobei sich diese Unternehmensgruppe auf die räumlich näheren Märkte in Europa und den Wohnungsbau fokussieren wird. Expansionsmöglichkeiten bieten vor allem die dynamisch wachsenden osteuropäischen Märkte, wo sich mittelständische Bauunternehmen bereits heute durch Beteiligungen engagieren.

Für die deutschen Baukonzerne, zunehmend aber

auch für viele größere Mittelständler, liefert somit der Auslandsbau heute und in Zukunft die notwendige Rückendeckung, die zur Bewältigung der inländischen Krise erforderlich ist.

Risiken im Auslandsgeschäft

Der geplante Schuldenerlass für den Irak erregt in der Bauwirtschaft die Gemüter. Die deutsche Bauwirtschaft hatte bis Anfang der achtziger Jahre umfangreiche Bauprojekte im Irak getätigt: Straßen, Flughäfen und ein Staudamm. Auch der Flughafen im südirakischen Basra ist von dem Kölner Strabag-Konzern errichtet worden.

Jetzt haben die Gläubigerländer (Pariser Club), darunter Deutschland, beschlossen, dem Irak bis 2008 stufenweise 80% seiner Auslandsschulden zu erlassen. Wie hoch genau diese Forderungen sind, ist umstritten. Die Bundesregierung gibt die Schulden insgesamt mit EUR 4,1 Milliarden an. Der Verband kritisiert, dass die Baubranche auf Grund des Beschlusses auf Forderungen von mehr als EUR 1,3 Milliarden sitzen bleibe. Schon nach Ausbruch des Iran-Irak-Kriegs 1980 wurden die Kredite nicht mehr beglichen. Nach dem Golfkrieg und dem Embargo gegen das Regime Saddam Husseins brachen die Wirtschaftsbeziehungen völlig ab.

Zwar handelt es sich bei dem sogenannten Pariser Club um einen Zusammenschluss staatlicher Gläubiger, aber die Bauwirtschaft ist dennoch betroffen. Die deutschen Projekte wurden über Hermes abgedeckt, da die Auftraggeber nicht in bar zahlen wollten oder konnten, sondern auf Kredite Wert legten. Der Bund übernahm das Ausfallrisiko für 65 bis 75 Prozent des Betrags; die Unternehmen müssen also den restlichen Eigenanteil selbst tragen. Die Summe dieser Eigenanteile im Irakgeschäft beträgt nach Angaben des Verbandes der Bauindustrie etwa EUR 1,7 Milliarden. Müssen die Unternehmen einen Verzicht auf 80% hinnehmen, so bleiben sie auf EUR 1,3 Milliarden sitzen. Bei Züblin belaufen sich die Forderungen an den Irak auf EUR 175 Millionen, bei der Strabag steht der Irak noch mit EUR 430 Millionen in der Kreide.

Die Bauwirtschaft hat zwar angedeutet, dass man sich mit einem Erlass von 50 % der Schulden anfreunden könne. Aber viele Bauunternehmen, darunter die Kölner Strabag AG wollen den Verzicht nicht hinnehmen und erwägen eine Klage gegen den Bund. (3)

Fallbeispiele

Diversifikation bringt den Erfolg

Der Bauindustrie in Deutschland geht es nicht gut, aber den Aktien der führenden deutschen Baukonzerne dafür umso besser: **Bilfinger Berger** ist seit Ende Dezember um fast 28 % teurer geworden und **Hochtief** um 17,6 %. Gemessen am Börsenwert der europäischen Konkurrenten aber sind die deutschen Konzerne immer noch überschaubar: die französischen Marktführer Vinci und Bouygues erreichen mit jeweils mehr als EUR 10 Milliarden das Fünffache des Hochtief-Marktwerts und das Siebenfache von Bilfinger Berger. Im klassischen Bausegment spielt der deutsche Markt für beide nur noch eine untergeordnete Rolle. Stattdessen sind sie in großem Stil im Ausland und bei baunahem Service eingestiegen. Während Bilfinger Berger von der Rolle als Dienstleister profitiert, kommt Hochtief die internationale Ausrichtung zugute. Seit Jahren macht der Konzern 80 % seines Geschäfts im Ausland. Beide Konzerne haben in der Vergangenheit durch Übernahmen in den USA und Australien ihre Marktstellung ausgebaut. So übernahm Hochtief den US-Marktführer Turner und die australische Leighton, auch Bilfinger kaufte Firmen in beiden

Märkten. (4)

Der kürzlich gnadenlos in die Pleite geschlitterte **Walter-Bau-Konzern** hatte mögliche Wachstumspotenziale im Ausland nicht genutzt. Lediglich ein Viertel der Bauleistung erwirtschaftete der Konzern zuletzt im Ausland, während die Rivalen Hochtief und Bilfinger Berger mehr als 80% ihrer Geschäfte außerhalb Deutschland machen. Walter hatte sich zwar auch in aussichtsreichen Auslandsmärkten versucht, agierte hier aber erfolglos. Der Konzern machte mit seinen wenigen Auslandsengagements nur Verluste zuletzt EUR 25 Millionen. Aus dem Nordamerikageschäft zog sich der Konzern schließlich zurück, das Geschäft in Australien musste restrukturiert werden. An den Märkten konnte dies nicht liegen: Immerhin hatte sich Konkurrent Hochtief über Turner in den USA oder Leighton in Australien erfolgreich in die Wachstumsmärkte eingekauft. (1)

Tochter- und Beteiligungsgesellschaften garantieren den Erfolg

Und so funktioniert das Geschäft dann auch: die

Auslandsaufträge werden fast alle über Tochter- und Beteiligungsgesellschaften abgewickelt. Die Gründe hierfür sind die notwendige Marktnähe sowie die zumeist niedrigeren Lohnkosten im Ausland. Das spiegelt sich dann auch in den Konzernstrukturen wider, die die Aktivitäten in den wichtigen Auslandsmärkten zusammenführen. Bei **Hochtief** sind die Unternehmensbereiche wie folgt angelegt:

HOCHTIEF Construction Services Americas

bündelt sämtliche Aktivitäten der HOCHTIEF-Beteiligungsgesellschaften in den USA, Kanada und Brasilien. Dazu gehört vor allem das Management von Bauprojekten im Hoch- und Tiefbau. Wesentliche Tochtergesellschaft ist die The Turner Corp., die Nr.1 im allgemeinen Hochbau in den USA.

HOCHTIEF Construction Services Asien/Pazifik

- von wesentlicher Bedeutung im Jahre 2001 war der Ausbau der Beteiligung an der australischen Leighton Holdings Ltd. auf 50,02%. Leighton ist den Angaben zufolge mit ihren operativen Einheiten Leighton

Contractors, Thiess, Leighton Asia, John Holland und Leighton Properties Marktführer in Australien und im südostasiatischen Raum.

HOCHTIEF Construction Services Europe

– beinhaltet vor allem den europäischen Hochbau und den nationalen und internationalen Tief- und Ingenieurbau. Eine Mitte 2004 gegründete Niederlassung in Ungarn soll das Potenzial in Osteuropa neben den bestehenden Beteiligungsgesellschaften in Polen und Tschechien sowie einer Einheit in Russland nutzen.

HOCHTIEF PPP Solutions GmbH

bündelt seit Anfang 2005 die Aktivitäten und das Know-how im aussichtsreichen Geschäftsfeld Public Private Partnership (PPP) in einer eigenen Gesellschaft, die besonders im Ausland aktiv sind. Dort sind die Erfahrungen gesammelt worden, die jetzt auf dem neu entstehenden Heimatmarkt lukrativ umgesetzt werden können.

Zahlen & Fakten

Auftragseingang aus dem Ausland 1992-2003

	1993	1994	1995	1996	1997	1998	1999	2000	2001	2002	2003
						in Mrd. Euro					
traditionell	1,4	1,9	3,2	1,7	2,4	1,5	0,7	1,9	1,2	1,4	0,8
über Tochter-/ Beteiligungsgesellschaft	4,5	5,2	6,2	8,2	9,4	8,3	12,3	18,0	20,1	15,4	16,7
Insgesamt	5,9	7,1	9,4	9,9	11,8	9,8	13,0	19,9	21,3	16,8	17,5

Quelle: European International Contractors

Entnommen aus: Wichtige Baudaten 2004 (5)

Deutsches Bauvolumen im Ausland 1993-2003

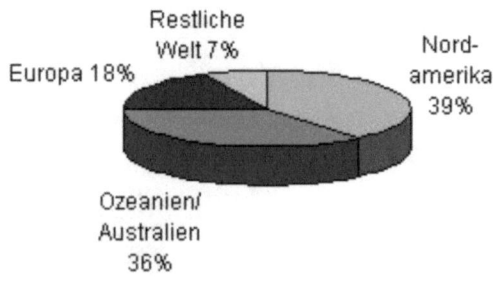

Quelle: European Interantional Contractors (6)

Weiterführende Literatur

(1) BRANCHE Der Bau bröckelt
aus Sparkasse, Mai 2005, Nr. 05, S. 27

(2) Weitere Ergebnisse der Euroconstruct-Sommerkonferenz 2004 - Allmähliche Erholung in Europas Bauwirtschaft
aus Ifo Schnelldienst, Heft 15/2004, S. 22-29

(3) Brychcy, Ulf, Bauverband kritisiert Schuldenerlass, Süddeutsche Zeitung vom 23.11.2004, S. 20
aus Ifo Schnelldienst, Heft 15/2004, S. 22-29

(4) Baukonzerne wecken Übernahmegelüste Hochtief und Bilfinger Berger gelten als attraktive Ziele · Experten erwarten Konzentration in europäischer Bauindustrie
aus Financial Times Deutschland vom 10.06.2005, Seite 7

(5) Hauptverband der Deutschen Bauindustrie, Wichtige Baudaten 2004
aus Financial Times Deutschland vom 10.06.2005, Seite 7

(6) European International Contractors, International contracts statistics, Volume of new contracts 2003
aus Financial Times Deutschland vom 10.06.2005,

Seite 7

Impressum

Auslandsbau - Stütze für deutsche Baukonjunktur

Bibliografische Information der deutschen Nationalbibliothek

Die Deutsche Nationalbibliothek verzeichnet diese Publikation in der deutschen Nationalbibliografie; detaillierte bibliografische Daten sind im Internet über http://dnb.d-nb.de abrufbar.

ISBN: 978-3-7379-2122-0

© 2015 GBI-Genios Deutsche Wirtschaftsdatenbank GmbH, Freischützstraße 96, 81927 München, www.genios.de

Alle Rechte vorbehalten. Dieses Werk ist einschließlich aller seiner Teile – z.B. Texte, Tabellen und Grafiken - urheberrechtlich geschützt. Jede Verwertung außerhalb der Grenzen des Urheberrechtsgesetzes bedarf der vorherigen Zustimmung des Verlags. Dies gilt insbesondere auch für auszugsweise Nachdrucke, fotomechanische Vervielfältigungen (Fotokopie/Mikroskopie), Übersetzungen, Auswertungen durch Datenbanken oder ähnliche Einrichtungen und die Einspeicherung und Verarbeitung in elektronischen Systemen.